共愛学園前橋国際大学ブックレットXII

ライティング指導を考える
コミュニカティブなライティングを目指して

JN022322

藤枝　豊

目 次

はじめに

　現在の英語教育は、コミュニケーション重視の指導を掲げ、「話す・聞く・読む・書く」の４技能に、「やりとりする力・発信する力」を加えた４技能５領域をしっかりと定着させることを目標としています。1990年代に、コミュニケーション能力育成が学習指導要領に提示され、英語教育は英語を積極的に使う授業スタイルへシフトしました。過去の英語教育と比較すると、ペアワークやグループワークを通じて、生徒同士が教室内で英語を使って対話する機会が増えました。日本人英語教師（JTE）に加えて、外国語指導助手（ALT）も英語の授業へ参加することによって、ますます教室内で生徒が英語を使うようになりました。また、英語の授業は基本、英語で指導する指針が決定し、今までにない英語教育改革が進んでいるようです。

　現在ではコミュニケーション中心の指導が行われていますが、コミュニケーションのための英語教育は、スピーキングだけではなく、ライティングも重要視されなければなりません。そのため、自分の意見や考え、そして伝達事項を書いて相手に伝えるライティング力を高める指導、人との対話を通じたコミュニカティブな活動からライティング力を高める指導が必要です。ライティング＝文法指導という考え方を脱却し、ライティングもコミュニケーション活動であることを（再）認識しながら、ライティング指導を考えなければなりません。

　本書はコミュニケーション中心の英語教育において、どのようなライティング指導を実施すべきか、そして指導の際に何を考えるべきかをもとに作成しました。英語ライティング研究は、英語教育・応用言語学分

野で、多数の事例や研究成果が発表されています。しかしながら、こう
した研究成果が指導に生かされておらず、現役の先生たちもライティン
グ指導をどのようにしたらよいのかわからないという不安があるようで
す。本書は各章に簡単な質問や実践問題を提供し、「参加型スタイル」
にしてみました。現役の先生・これから先生を目指す方には、自身が経
験したことやライティングを指導する時、どのようにライティング活動
に取り組むか考えてみてください。教育に携わっていない読者の方も、
「英語ライティングを教えるとしたら」と考えながら本書を読んでみて
ください。

第1章

ライティング指導に求められること

Brainstorming：ライティング指導で、あなたは何を重視すべきと考えますか。中学校、高校それぞれで考えてみましょう。

中学校でのライティング

高校でのライティング

コミュニカティブな英語教育へ

　国際コミュニケーション協会(2020)が公開した「2019年TOEIC Listening & Reading Test」の結果では、日本の平均点は523点と、下位の状況にあることがわかります。確かにこうしたテストの結果から判断すると、日本人の英語力は低いと言わざるを得ないのかもしれません。

　日本人の英語力が低い、そして英語が話せない元凶といわれているのが、過去の文法・訳読中心の指導にあると言われます。これまでの英語教育は「読む・書く」ことに力を入れ、「聞く・話す」指導は、学校によって差があること、または聞く・話す指導はほとんど実施されていない現状でした。生徒は教科書の単語や文法をひたすら暗記し、テストで良い結果を残す、いわば「テストや入試のための英語」と言われました。「読む・書く力(リテラシー)」に偏った英語の授業だから日本人は英語を話

せない」、「訳読や英作文中心で、試験のための英語を覚えるばかりだから日常生活に役立たない」という英語教育への批判が高まる一方でした。

その影響からか、文部科学省（文科省）は英語教育改革に乗り出し、「コミュニケーションを中心」とした英語教育へシフトさせました。1989年（平成元年）改訂の中学校外国語学習指導から「コミュニケーション」を図る態度・コミュニケーション能力の育成を重視されるようになります（岡田他, 2015）。まず大きな変化は、小学校で「外国語活動」として英語を学ぶ活動が始まったことでしょう。いきなり中学校のような英語を学ぶのではなく、英語に触れる・慣れる、歌を歌う、ゲームを通して英語を学習するといった英語に慣れる活動が実施されました。外国語活動の取り組みも各市町村によって異なり、少し高度な英語活動に取り組んでいる学校もあるようです。現在は小学校5年生から英語が「教科」として加わり、外国語活動は学校にもよりますが、低学年から外国語活動を導入しています。

中学校では、ALTとJTEが共同で英語を教え、ペアワークやグループ活動を通じて、生徒に英語を使う機会を増やすなど、よりコミュニケーションを重視した授業が促進されています。高校英語でもコミュニケーション英語の授業を中心に、ALTと一緒に英語を使って授業を展開する形式や生徒に意見を発表させるプレゼンテーションを導入するなど、生徒により高度な英語を学習、実践させる場を設けています。また「英語の授業は英語で行うこと」を基本とする指針が明示され、高校では2013年度、中学校でも2021年度より実施されています（文科省, 2018b 2019）。教員が率先して授業で英語を使うことで、英語の環境を作り、生徒に英語を積極的に使うという意識を持たせることができます。生徒間そして教師生徒間での「英語のやりとり」を通じたコミュニケーション中心の授業を展開する英語教育が確立され始めています。

ライティング指導はコミュニカティブな指導ではない？

　現在の英語教育は、これまでの文法指導を行いつつ、学習した表現を使う機会を与え、生徒は英語でコミュニケーションを図る活動を増やすようになりました。こうした英語授業の変化によって、英語を「受け身」で学習するのではなく、積極的に英語を使う態度を育成するように先生たちは授業を工夫して、実践的な授業になるよう努めています。授業では学習した表現を実践するために、ペアワークやグループワークを通じて話す力を伸ばし、相手が話した英語を聞いて書きとる（聞く・書く）力、そして相手が書いた英文を読んで意味を理解する（読む力）など、英語の4技能を生かす授業展開がされています。

　英語の授業ではコミュニカティブな英語指導が実践されている一方、様々な問題点も指摘されます。例えば、コミュニケーションの授業でも、生徒同士で英語を話す機会が限られている、会話が続かない、発話をしようとしない、コミュニケーションの授業でも「文法中心」の指導になったと聞かれます。特に大きな問題となっているのは、コミュニケーションの指導でありながら、ライティングを使った指導が十分に実施できていない、達成できていないことです（文科省, 2020b）。「話す力」は過去と比べ、飛躍的に向上したようですが、「コミュニケーション＝話す」指導と考えられ、スピーキングばかり行う指導に大きく傾いていると懸念があります。そのため、単語や学習した表現を使った英文が正確に書けないなど、「書く力」が低いことがわかりました。

　例えば文科省（2020b）が公表したデータに、ライティング技能についての問題が示されています。中学3年生約6万人を対象に行った英語力調査結果によると、ライティング力は最も低い32.9％であることがわかりました。特にCEFR（Common European Framework of Reference for Languages）評価で下位にあたるA1が目立つ結果となっています。

　また2017年に実施した同調査のライティング指導に着目すると、「聞いたり読んだりしたことについて、その内容を英語で書いてまとめたり自分の考えを英語で書いたりする活動をしていた」については、50％の生徒が回答しました。しかし教師のアンケート結果では、文章を訓練する指導は50％であるが、「聞いたり読んだものをまとめる、感想を書く活動」といった統合型のライティングを行っている割合はわずか30％台でした。中学校英語では４技能の育成をバランスよく行うことが目的であるにもかかわらず、話す・聞く指導にやや偏ってしまい、書く指導が十分に行われていないため、ライティング力は低下傾向にあると言えるでしょう。

　現在行われているコミュニケーション中心の授業について、私は反対ではありません。限られた時間でも、生徒が学んだ英語表現を練習し、それを実際に使ってみることで、英語を話す態度を育成するプロセスとなっていることは間違いないでしょう。しかし、ライティングも、文字を使って相手に自分の意見や感情を正確に伝える大事なコミュニケーションの手段であるにもかかわらず、ライティング指導はやや敬遠されているのが現状です。英語ライティング指導は、確かに時間を要しますし、英文をチェックする教員の負担は大きいことは否めません。４技能５領域を伸ばすことが英語教育で求められていますので、これからのコミュニケーション活動の中に、小さなライティング活動を取り入れるなど、ただ英語を話すことに終始しないことが重要でしょう。コミュニケーション指導だからと言って、たとえ短い文でもいきなり英語で発表をさせることは困難です。その前に一度英文を書いて、それを伝えるだけでも違うはずです。まずは書いたことを発表するという指導もコミュニケーション指導では重要です。

　では、小学校から高校までの英語教育で、どのようなライティング指

導が求められているのでしょうか。またどのようなライティング指導が
実践可能なのでしょうか。最新の外国語(英語)学習指導要領をもとに考
えていきましょう。

小学校でのライティング活動

　2020年度より、小学校5年生から外国語(英語)が1つの教科として加
わりました。これまでの英語学習は「外国語活動」として、日本人の先
生やALTと英語の発音練習を通じて単語や表現を学び、英語に触れる
ことを目的としていました。英語が教科として加わると、学習目標を立
て、生徒の英語力を評価しなければなりません。小学校の英語はコミュ
ニケーションを図る能力の育成をすることを基本としていますが、書く
こともコミュニケーション能力の一つとして位置づけられていますの
で、ライティング指導も十分に行わなければなりません(近藤, 2020)。
小学校でのライティング指導は、アルファベットの大文字と小文字を認
識しながら慣れ親しみ、それらを書くことから始まります。そして音声
で慣れ親しんだ平易な語句や基本的表現を書き写すことと書かれてあり
ます(文科省, 2018a)。まだS+V+Oなどの形式的なことを学習するので
はなく、まずは表現をしっかりと定着させるよう、文章を写して意味を
理解し、英語の文章構造を意識・理解させることです。例えば自分の趣
味を伝える際、「I like playing soccer.」のように「〜することが好き」
という表現はlike –ingと認識させ、例文を書き写す活動をさせることが
できます。

中学校でのライティング活動

　中学校でのライティングは、「コミュニカティブな活動」を活かしながら、
書く能力を育成することになっています。これまでは学習する文法を用

いて、短文をしっかりと正確に書けるようひたすら書いて訓練することに時間を要していたかもしれません。こうした短文指導は、ただ日本語を英語に訳すだけであり、どのような背景（状況）でその文が使えるのかという指導まで行き渡らない問題がありました。現在の指導要領では、単元で学習する表現を定着させるために英文を書くことはもちろん重要ですが、学習した表現を応用・実践させる指導が求められています。

　中学校のライティング指導において重要なことは、生徒が「場面・状況・目的」を理解し、英作文ができるようにすることです。例えば、自己紹介を書くにしても、「誰に向けて書くのか」「なぜ自己紹介をする必要があるのか」を考えなければなりません。例えばALTに自己紹介を英語で書くことを目的とするのであれば、「今年から新しく加わったALTに自分のことを知ってもらおう」という設定を加えて、自己紹介の英作文を実践させると、少し活動も変化があるかもしれません。同じようにお世話になった（英語の）先生へ手紙・メール形式でライティング活動を行う時も、場面や目的を明確にすると、より実践的な活動になるでしょう。その他、生徒たちの「日常的な話題」や環境問題についての意見を書く「社会的な話題」について、自分の気持ちを適切に表現したライティングができることといった目標が掲げられています。中学校のライティングでは、学習した文法を使って英文を作ることはもちろん重要ですが、具体的な場面や状況、そして英作文の目標設定を明確にし、生徒たち自身が作成した英文を日常生活に活かせる指導が重要になっています。

高校でのライティング活動

　コミュニケーション英語のためのライティングに目を向けると、「論理・表現」の授業があります。この授業の目的は、意見を論理的に記述できる力を養成することと書かれています。目標達成には、日常的、社

会的な話題を「理由や根拠」を用いて書くことができるようにしなければなりません。中学校では英文を書いて表現することが大切ですが、高校でのライティングは、ただ英文を書いて意見を述べるのではなく、理由や詳細な例を加えながら、自分の意見を客観的にそして論理的に展開して書く力を身につけます。そのために、高校ではパラグラフの指導をしなければなりません。パラグラフを使ったライティングとなると、まず英語のパラグラフの仕組みを教師は理解し、それを指導する必要があります。例えば文章をまとめて段落を作る指導の前に、主題文と呼ばれるtopic sentenceやそれを詳細な例や説明をするsupportive sentenceといった基本的な英語のパラグラフ・ライティングを生徒に指導しなければなりません。

　現在の英語教育は、コミュニケーションを目的とした指導が中心ではありますが、4技能を包括的に指導していかなければなりません。新しい学習指導要領からライティング指導を考えると、これまでのように、与えられた日本語を英語に直すだけでは不十分のようです。ライティング指導は時間もかかり、生徒も教員も敬遠しがちになってしまいます。しかし、検定試験や学力検査試験にも英作文問題があり、今まで以上に書く能力が問われています。ある質問について指定された文字数で自分の意見を書く問題や、ある場面や状況を判断し、自分の意見を書くライティング能力が試されています。

　このように、コミュニケーション能力のためのライティングが求められている現状から、教員が授業でライティング活動を取り入れ、書く練習を与える時間を設けることが不可欠です。上山(2020)は、例えばスピーキングやリーディング指導の後に、ライティング実践を確保することで、生徒の書く機会を増やすことができると指摘しています。その他、教科書にある新出表現などの言語材料を使い、生徒が自分について紹介する

文章作成、簡単なテーマを与え、指定した時間内で英作文をさせて、それを相手に伝える訓練を行うなど、少しでも書く活動を取り入れることは可能であります。高校ではより具体的に物事を書くことが要求されていますので、生徒の身近な話題(最近ハマった映画やおすすめの音楽や店など)を紹介するライティングでは、映画・音楽・店についての情報を詳しく書いてまとめさせる活動ができます。

まとめ

　小学校から英語が教科化され、書く活動は少し前倒しに実践されてきている気がします。中学校でアルファベットを学び、簡単な単語を書いたりする指導が小学校から始まり、状況を考えて自分の意見を書くことを中学校で行い、段落を使って意見を論理的に記述することが高校で導入されています。ライティングはスピーキングと同じアウトプット能力です。話すことができるようになるために、まずは書いてみること、そして書いたことを声に出して読むこともコミュニケーションの練習であると言えます。これからの授業は、話す練習と紐づけて、ライティング活動を考えてみる必要があります。

　ライティング指導に必要な文法指導や短文指導は行われているようですが、生徒の考えを書かせる指導は、まだ不十分のようです。ベネッセ教育総合研究所(2015)が実施した中高の英語実態調査報告によると、中学校では文法の説明と指導両方が「よく行う・ときどき行う」を合わせると、90％以上と圧倒的に多いのに対し、「自分のことや気持ちや考えを英語で書く」は約77％でした。高校では文法の説明が89％に対し、練習問題の実施は72％で、「自分のことや気持ちや考えを英語で書く」は、43％というかなり低い回答になっています。高校では、生徒に英語を使わせる機会を増やしたい思いはあるものの、「自分の考えを表現させる

機会」を十分に実行している割合はわずか19％です。その原因はやはり
教員が多忙であること、効果的な指導法がわからないという指摘も多い
ため（柳田, 2020）、ライティング指導は、まだ十分に現場に行き届いて
いない現状は否定できません。

　次の章では、コミュニカティブなライティング活動を行うにはどのよ
うなことが実践できるか考えてみましょう。

Lesson Activity

Activity 1（小学校）

　小学校のアルファベット（大文字・小文字）を書く活動を考えてみま
しょう。あなたはどのような活動を行いますか。

Activity 2（中学校）

　夏休み（または冬休み）を終えた生徒たちが新学期を迎えました。生徒
たちに休み中の思い出や出来事を英語で書かせます。あなたはどのよう
な活動を実施しますか。またこの活動の目的や目標（時制を明確にする
など）も考えてみましょう。

Example

ライティング：My summer vacation

指示：5〜10文を英語で書いてみる。

目標：時制をきちんと理解して英文が書ける。

あなたが考えた活動

ライティング：My （　　　　　） vacation

指示：

目的(目標)：

Activity 3（高校）

夏休み（または冬休み）を終えた生徒たちが新学期を迎えました。生徒たちに休み中の一番の思い出や出来事をパラグラフで書かせます。あなたはどのようにこの活動を実施しますか。またこの活動の目的や目標（時制を明確にするなど）も考えましょう。

Example

ライティング：My summer vacation（My winter vacation）

指示：パラグラフ形式で英文を書く（30－50単語）。書き始めは例に従って書くこと。

目的：パラグラフ形式の英作文に慣れる。

　　My best memory of summer vacation is camping at Mount Akagi with my family. I tried to cook curry and rice with my mother. …

あなたが考えた活動

ライティング：My（　　　　　）vacation

指示：

目的：パラグラフ形式の英作文に慣れる。

　　My best memory of（　　　　　）vacation is ----.

第2章
コミュニカティブなライティング指導

　ライティング指導は、受動的に機械的に文法を指導することであり、話す力を向上させるのには役立たないという声も聞かれます。

　しかし現行の学習指導要領では、学習した英文法を使って英文を書き、それを使ってクラスメートと対話や、やりとりを行うコミュニカティブなライティング指導が求められています。現在は、ライティングを通じて自分の意見を伝えるだけではなく、書いた文章を対話に活かすように工夫をしなければなりません。本章では、ライティングはコミュニケーションの一つであることを再認識し、コミュニカティブなライティング指導を考えてみます。

中学校でのライティング

　中学校での英語指導は4技能の言語活動を通して、簡単な情報や考えを表現する・伝え合うことの育成を目標としています。しかし、ただ単語を覚えて、適当に単語を並べるだけでは、十分なコミュニケーションができるわけではありません。極端な例になりますが、"I am play baseball."「私は野球をしますです」のような形で、きちんとコミュニケーションができていると言えるでしょうか。鳥飼（2016）は、相手の意見を聞いて自分の意見を述べる、交渉などの複雑なコミュニケーションの場合にこそ文法の重要性があると述べ、「単語をどう並べてセンテンスにするかを知らないでは、まともな話ができません」（p. 60-61）と、ただ話すだけの指導に危惧しています。

　英文法の学習は決してコミュニケーション力を弱める原因ではなく、英語という言語の仕組み（ルール）を理解し、使えるようにする重要な土

台作りであります。そのため、ライティング指導は、英文法指導を通じて、コミュニカティブな活動になるよう考えなくてはなりません。伝統的な文法学習は、文法事項を学び、それを正確に使って英文を書く練習やプリントなどを使って訓練してきました。もちろんこれまでの指導方法を完全に排除するのではなく、伝統的な文法指導に加えて、学んだ英文法を十分に使えるようにする取り組みを提供するにはどうすればよいか考えることが必要です。理論的に言えば、第二言語習得論で議論されているように、意味重視のコミュニケーション活動の中に、形式的な支援を効果的に導入する指導が大事になります。

第二言語習得論から考えるライティング活動

　ではここで、文法事項を取り入れた意味重視のコミュニケーション活動としてのライティングを専門的に考えてみましょう。Krashen and Terrell（1996）は、彼らが提唱したNatural Approachの中で、コミュニケーションは、形式的な指導よりも発話の流暢さや、状況（現場）でのやりとりに重点を置くべきと主張しました。しかし現在では、言語習得や発達のために、教室指導においてどのような指導を行うべきかが議論されています。現在のコミュニカティブな英文法を指導する活動として、「Focus on Form（FonF）」が注目されています（佐藤, 2019a, 2019b, 2019c）。

　FonFとは、コミュニカティブな活動に、文法項目などの情報や知識（input）を適度に与え、意味に重点を置いたコミュニケーション活動を行うことです（Long, 1991）。これまでの英文法指導は、十分な知識を与えることなく、英文を書くという活動（output）に焦点がおかれていました。より明確な文法説明を適度に与えることで、学習している文法内容に「気づき（noticing）」という現象が起こり、目標文法を使った発話やライティングが活性化されるということです（Ellis, 2006）。過去の文法訳

読指導法(Grammar-translation method)もオーディオリンガルメソッド（Audio-lingual method)を取り入れたFonFに似た指導法であった(Focus on Forms=FonFS)と言えます。教員が目標文法を提示し(presentation)、生徒は繰り返し文法の問題を解く、英文の音読を行う(practice)、最後に目標文法を使って文を作成する(production)という、PPPを用いたFonFSが主流でした。これとは逆にFocus on Meaning（FonM)という、形式ではなく、意味に焦点を置き、流暢さを求める指導があります。

　最近のFonFの指導は結局、意味中心になる指導に偏り、形式的な指導を与える機会が少ないなどの批判もありますが、意味中心の活動（タスク）を与え、タスクを通じて、またはタスク後に形式的な支援を取り入れるFonFまたはTask-based Language Teaching（TBLT)を目指しています（Doughty & Williams, 1998; Long, 2015)。ライティングの要素をFonF/TBLTで取り入れるには、コミュニケーションを交わしながら、英文を書く活動を与える、タスクのまとめとして複数の英文を作ってまとめる作業ができます。

A Case of TBLT（Listen to me about my friends）

　ここからTBLTを取り入れたタスクを作っていきましょう。次のケースは中学校１年生を想定し、（１)be動詞と一般動詞の区別ができているか、（２)それぞれの動詞を使って文章を書けるか、（３)主語が三人称の場合、動詞の変化(-s/-es)が理解できているかを目標にします。ALTを含む英語の先生とクラスメートに自分のことと自分の友達についてもっと知ってほしいことを想定し、自己紹介文を書いてもらいます。上記３点の形式的な確認に加えて、自分の自己紹介がうまく相手(先生、クラスメート)に明確に伝わるようにコミュニケーションをとっていきます。

Activity 1 : Listen to me!(JTE and ALT)

Self-introduction：JTE	Self-introduction：ALT
Memo	Memo

　いきなり友達のことを書くのではなく、まず教員が英語で自己紹介をして、自己紹介例(または自己紹介の仕方を説明)をデモンストレーションします。生徒は単語や表現、聞き取れたことを日本語・英語で書き入れます。

Activity 2 : Making a mind map

　Activity 2では、brainstormingとして、自己紹介したいことを書き出してみます。ここではアイデアをとにかく書く時に使う「mind map」が良いでしょう。上記は表のようになっていますが、風船をイメージした形や〇を使って、線でつなぐように、カジュアルな感じで書かせてみましょう。

Activity 3 : Draft of Self-introduction(4－5 sentences)

About Me
I'm Yutaka. Nice to meet you.

About My friend
This is my friend,(　　　　　). He likes soccer very much.

　Activity 2で書いたアイデアをもとに、今度は文章化していきます。本taskは動詞の総まとめですので、これまで学習したbe動詞・一般動詞(三人称含む)がきちんと理解できているかを確認するために、まずは英語で書いていきます。設定は4－5文としていますが、書ける生徒にはどんどん書かせましょう。また英文を書く際、1文が終わってから改行させずに、続けて書かせるようにしましょう。これは「段落」を用いたライティングを意識させるためです。1文終わる度に改行すると、それがクセになってしまい、文章がまとまってパラグラフになるという意識づけが難しくなります。細かい点ですが、これからの英語学習ということを考えて、英文は続けて書く練習をさせましょう。

Activity 4 : Talk & Ask

　自分が書いた英文をクラスメートとシェアしてみます。自分が書いた英文が相手に伝わっているか、自分のこと、そして自分の友達について理解できているかを知ることができます。ただ英文を読んだだけでは、つまらないので、相手から質問をしてもらうなど、もっと面白い自己紹介文を完成させましょう。簡単な質問シートを用意して、お互いが英文を伝え終わった後に質問を書いてもらうこともできます。speaking練習であれば、その場で質問を聞いて英文を返しますが、ここでは書くことを取り入れる活動ですので、とにかく生徒に英文を書くことを意識させましょう。質問シートがなくても、余白に相手の質問を聞き出して、それをきちんとメモさせましょう。お互いがbe動詞と一般動詞の疑問文が作れるかどうかを復習することができます。

Task 5 : Complete my self-introduction

Self-introduction

　I'm Yutaka. Nice to meet you. I like English very much. I study English every day. …

　I have a good friend. This is my friend, (　　　). He lives near my house. He likes soccer very much. …

　Task 4でほぼ完結していますが、せっかくですので、英文を清書させてみましょう。Task 5のように簡単に英文をまとめさせることでも良いですし、おしゃれな感じにしたいならば、絵を描かせる、写真を貼るなど、プロフィール作成をさせることも可能でしょう。文字だけでなく、絵などを入れるだけで1つのタスクにちょっと変化が見えますし、作品を完成したという達成感にもつながるでしょう。

高等学校でのライティング

　高校でのライティングは中学で学習した内容に加え、高校で学習する表現を使用して、より具体的に書けるようにする目的が設定されています。これまで、英語ライティング＝単文または複数文を作成することと考えられていました。教科書のライティング問題を見ると、形式重視の問題が目立ち、適語補充問題や並べ替え問題、制限文章の訓練といった文法演習がほとんどと言えます（柳田, 2020）。生徒たちは自由に英文を書かせる機会がないため、特定のテーマについて自分の意思や考えをまとめ、前後の文章がつながるように書く訓練がほとんど行われていないようです。一方で、英検や大学入試では、50語以上など数十単語を用いて英文を書かせる問題が出題されており、自分の意見を明確に表現する能力が要求されています。また高等学校学習指導要領外国語（2019）の第4に記載されている通り、高校英語科目に「論理・表現Ⅰ・Ⅱ・Ⅲ」があり、話すこと（やりとり、発表）と書くことの3つの領域から目標達成をすることが記載されています。特にライティングについては、「意見や主張などを論理の構成や展開を工夫して文章を書いて伝えることができるようにする」（p.173）ことから始まり、複数の段落を作成して文章を詳しく書くことにつながる設定になっています。

　もちろん、単文指導もライティングには欠かせません。中学校で学習した表現がしっかりと使え、そして高校で新たに学習する表現も加えて、生徒が英文を書けるようにする必要があります。この単文や複数文章は、与えられた日本語があり、それに合う単語や表現を当てはめて英作する形式的なものです。しかし、複数文章をつなげて意見を書き、段落を使って書く場合は、まとまった一連の準備が必要となります。つまり、アイデアをまとめるという「過程（プロセス）」を重視したライティングを展開する指導をしなければなりません。

　プロセスライティングは、書こうとするテーマについて、アイデアを書き出し、英文を作成し、教員やクラスメートから意見をもらい、最後に修正を重ねて作品（product）を完成させるステップです。プロセスライティングは、高等教育のライティングでは必ずと言っても良いほど導入される指導法です。高校生にとっては、プロセスに多くの時間を費やして一つの作品を完成させることに抵抗があるかもしれませんが、クラスメートと共同作業を増やし、教員も可能な限りアドバイスや助言（フィードバック）をプロセスの途中で取り入れるべきです。一連のプロセスを経てライティングを重ね、一つの作品が形となって完成する達成感は大きいはずです。またプロセスライティングの経験を積むことで、試験の作文対策にも効果的であり、大学に進学してもライティング授業で感じるギャップも軽減できると考えます。

　プロセスライティングは時間をかけてライティングを行えば良いわけではなく、それぞれの過程にある程度の指導を入れながら、ライティングを積み重ねていかなければなりません。例えば、大井他（2008）は、日本語と英語のライティングの違いを気づかせ、教師は日本語と英語それぞれの特徴を指導すべきと提案しています。母語で書かれた（言いたい）ことを外国語に訳すと、文字通りそのまま直訳してしまいます。そのまま当てはまることもあれば、たとえ当てはまったとしても、意味が曖昧になる、意図していることとそぐわなくなることが多々あります。特に日本語と英語の相違点はたくさんあるため、話す・書く時にミスコミュニケーションが起こってしまいます。ライティングでは、文法的に正確な英文を書いたとしても、意味が不明確になり、言いたいことがうまく伝わらないことがあります。まとまった文章を書く時に見られる違いは、文と文のつながり（cohesion）と書き手と読み手意識の違いなど、様々な違いを知ることが重要です。

まとめ

　第1章でも述べましたが、英語教員の多くはライティングの大切さを理解している一方で、書く指導をどうすればよいかわからない不安があるようです。現在は、相手の意見を理解し、自分の意見を伝えられるようにする、対話を通じて学習した英語を使うことができるようにするコミュニカティブな指導が求められています。この生徒－生徒または生徒－教師間の対話・やり取りの際に、話すことだけに集中せず、どこかに書く作業を取り入れるだけでも、ライティングを導入していることになります。または最後の活動まとめに1つ大きなライティングを取り入れるだけでも良いでしょう。本章では、TBLTの例も紹介しましたが、既に同じような指導または類似した活動を実施している先生も多いかと思います。書くこともコミュニケーションの一つであるという意識を持たせ、英語を使う活動に積極的にライティングを心掛けてみましょう。

Extra Activity：TBLTを使ったライティングタスクを考えてみましょう。

第3章

ライティングのフィードバック

リフレクション1：中学・高校時代、英語の先生からどのようなライティングのフィードバックをもらったか書き出してみましょう。

リフレクション2：あなたは今までにどのようにライティングの添削を行い、どのようなフィードバックを与えていましたか書き出してみましょう。

ライティングのフィードバック

　ライティング指導は、生徒にただ英文を書かせて終わりではありません。教員は生徒が書いた英文や作品に目を通し、文法の添削を行い、コメントを与える必要があります。生徒たちは英作文を通じて単元学習の達成ができているか、学習した表現を用いて正確な文章が書けているか、それらを確認する意味でも教師のフィードバックは絶対に欠かせないライティング指導の一つです。

　ライティングのフィードバックは、前述したように生徒が書いた文や

作品に目を通して、誤りがあれば訂正し、書いた内容や構成方法に意見やアドバイスを与えることです。しかし、フィードバックは文法や語彙の訂正・修正を中心に行うケースが見られます。もちろん、生徒が学習した文法事項を復習させるために、1文のような短文指導をする時でも、誤りがあればきちんと訂正をすることは重要です。しかし、複数のまとまった文章や、あるテーマについて書かせた英文を添削する場合は、文法チェックだけでは済まなくなります。文章全体の流れや、文と文の繋がりがきちんとできているか、具体例が明記されているかなどを確認しなければなりません。ただ文法だけに着目して誤りを訂正する指導は、「フィードバックの一部」であることを忘れてはいけません（田中, 2015）。

　日本の英語教育の現状を考えると、教員はライティング添削を行うことに一番悩むでしょう。1クラス30から40名程度生徒がいる授業をいくつか教えるとなると、相当数のライティングに目を通さなければなりません。大人数分の英文を読んで誤りや修正を行い、コメントを書いたりすると、相当な時間と労力を費やします。そのため「生徒全員のライティングにチェックを入れるだけでも時間もかかる」、「チェックを入れても、生徒はまず見ないから意味がない」など、フィードバックに批判的な声が出てくるかもしれません。

　教員は生徒が間違えた全ての文法事項を丁寧に修正すべきなのでしょうか。理論的な面からみると、訂正フィードバックは必要でありますが、教員はライティングで見られた誤りは全て修正すべきではないということです。前述したように、数十名の生徒分が書いたセンテンスの中で見つけた全ての誤りを修正することは、時間も労力を要します。せっかくきちんと誤りを修正したにも関わらず、生徒がフィードバックをもらっただけで後は何の処理もしない、修正も再提出もせずに訂正を受け取っ

て終わりでは、添削の意味がありません。だからと言って生徒が考えて書いたライティングに、何も手も付けずに放置するわけにはいかないでしょう。教員は、効率よくどのようなフィードバックをするのか、そしてそのフィードバックをもとに必ず「やり直し」を徹底させて、生徒のライティング力向上を目指すように心がけるべきです。

　本章では、ライティングのフィードバックの指導について考えてみましょう。特に多くの先生方が気を配る文法の添削やフィードバックをどのように実践すべきかを考えてみましょう。

フィードバックについて

　まずフィードバック方法を考える前に、フィードバックは果たして効果があるのかどうか専門的に検証してみます。フィードバックは誤り訂正、error correctionやwritten corrective feedbackなどと呼ばれています。このフィードバック(誤り訂正)研究は第二言語ライティングおよび第二言語習得論の分野で幅広い研究が行われています。近年、フィードバック研究に関する書籍も出版され、フィードバックを理論と実践面から深く考えることができます(大関, 2018；白畑, 2015参照)。

誤り訂正研究の紹介

　そもそも文法訂正を目的としたフィードバックは果たして効果があるのでしょうか。この点については様々な議論が展開されております。John Truscott(1996)は、フィードバック指導の際、文法訂正の効果性には懐疑的な立場をとっています。教員が誤り訂正に関する知識があること、そして生徒の誤り状況をしっかりと把握できていれば効果があるかもしれないが、実際は教員が誤り訂正の難しさを感じているため、訂正効果が期待できないとTruscottは主張しています。一方、Dana

Ferris（2003）は確かに無意味な訂正フィードバックは効果がないと述べているものの、訂正箇所を明示するなどの選択的な添削を行うことで、誤り指導の効果を発揮することができるとの考えを示しています。

　では、フィードバックをより効果的に行うにはどうすればよいのでしょうか。大関（2015）によれば、誤り箇所を明確に絞って修正を行うと効果があると述べています。例えば教科書で学習した新出表現の「未来形」を使った短文を書かせるとします。添削をする際、未来形の「will＋動詞の原形」がしっかりできているか、主語が三人称であってもwillの後は動詞の原形を用いて文章が書かれているか、など「チェックする項目」を教師が定めれば良いのです。

　次に、日本人学習者の多くが誤りをしてしまう文法項目、苦手とする項目に焦点化した訂正研究を見てみましょう。その一例として、「冠詞」の訂正研究があります。日本語には英語の冠詞にあたるものがないため、日本語を英文にする時、生徒は簡単なライティングでも冠詞を抜かしてしまいがちです（例：I am student.）。冠詞の訂正特化の研究では、他の文法間違えにも焦点を当ててしまうと、冠詞の誤りにうまく修正ができなかったという報告がされています。そのため冠詞を中心とした訂正を行うのであれば、冠詞の指導に重点を置くなど、訂正項目を絞って指導すべきという意見が多いようです（加藤, 2017；白畑, 2015；Shintani et al., 2014）。冠詞は教員でも完全な習得が難しいと言われます。よく落としがちな不定冠詞（a/an）の使い方の際、「通常、数えられる名詞には、不定冠詞と呼ばれるa/anを置かなければならない」と定着させる必要があります。これは日本語と英語の構造の違いを教える意味でも重要であると思います。日本語にはない不定冠詞など、完全に定着するのは時間がかかる文法項目は、長期的に指導する必要があります（白畑, 2015参照）。

　Truscottが主張するように、文法の誤り訂正を行うことに否定的な意見が多々聞かれることがあります。しかし、教師がフィードバックを提供することがライティング力向上の方法であり、効果的な訂正や作品へのコメントを与えるなどのサポートをすべきだとの声が多いように思います。生徒へのフィードバックは時間を要し、教師側も「英語の先生」といえど、英語は「外国語（または第二言語）」であるため、しっかりと文章を確認する手間もかかります。だからこそ、フィードバックにかける時間と労力に見合った方法で、生徒へのライティングにアドバイスをしなければなりません。

　ここまで、フィードバック研究について紹介しました。フィードバック研究の多くは、その効果について現在でも研究が進められており、「いつ（when）」・「どのような（what）フィードバック」を「どうやって（how）」学習者に与えるべきか検証されています。しかし、実際は添削指導をどのように行うべきかが中高の教員に十分に共有されていない問題もあるようです。では次に一般的に展開されている「直接的・間接的」フィードバック方法について紹介します。

直接的と間接的フィードバック方法

　フィードバックには直接的と間接的指導が実践されています。まず直接的フィードバックは、文字通りライティングに直接誤りを修正して正解を書きます。またフィードバックはただ文法修正だけではなく、英文を読んでコメントや助言を与えることもあります。ですから、直接的訂正指導を行う場合、教師はまず「正確性」への訂正か「流暢性」についてフィードバックするのか、どちらかに絞った指導を行うべきです。正確性は文法や語彙の使い方が正確にできているかを確認し、流暢性は小さな誤りがあっても、訂正は避けて、英文の内容や構成の指摘を中心に

行います。正確性を重視した指導は多くの先生が実際に行っている文法
訂正指導でしょう。流暢性重視の指導は、基本的にいくつかの英文の流
れやパラグラフ・ライティング指導で実施されます。流暢性は生徒に書
く機会を与えることや、自分の考えをまずは自由に書いてみることに意
義があります。

　正確性（形式重視）のフィードバックは、教師が誤りに下線を引くなど、
直接誤りを指摘し、訂正する方法です。これは馴染みのある訂正指導
で、既に多くの先生が実践されていることでしょう。形式重視のフィー
ドバックを確認することで、生徒は自分が書いた英文のどこが間違って
いるのか一目瞭然であります。間違いを直接明示することで、表現を理
解することができ、インプットに繋がるため、言語習得の意味において
も有効であります（鈴木, 2015）。

　直接的な指導の工夫として、上山（2020）が提案する「誤り箇所を絞っ
て、ALTに誤りを修正してもらう」（p. 146）ことも重要かもしれませ
ん。JTEもALTも英文をチェックする量が多く、どちらにも負担がか
かります。JTEでも指摘が難しい「冠詞」や「前置詞」などはALTに
お願いするなど、役割分担はフィードバックの生産性を高める意味でも
有効ですし、協働ティーチングになります。海外での研究においても、
直接的な訂正指導の効果は高いことも証明されています（Bitchener &
Ferris, 2012；Bitchener & Knoch, 2012）。

　もう１つ、誤りを指摘し、生徒がしっかりと習得できるようにするた
めに、直接誤りを記述するよりも、何らかのヒントを提示して誤りを指
摘する「間接的指導」があります。特に「どこが間違っているのか」を
生徒に気づかせることで、生徒は自分で誤りを訂正し、正しい文を書く
ことができます。例えば中学生でよく間違える「三単現の s /es」の欠
如の場合、図１のように、間違いのある動詞に下線や波線を引いて、「ミ

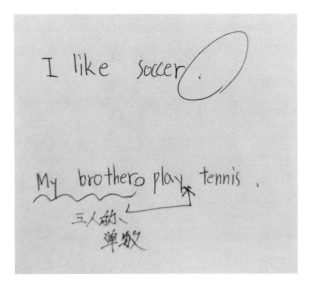

図1：簡単な訂正例

スを気づかせる」ように促します。または、「主語が三人称」など、ヒントやコメントを入れても良いでしょう。

　その他、間接的な方法は「簡単な記号」を教師が設定して、その記号をきちんと使って添削をすることです。欧米の大学で実験された記号を使ったライティング添削の事例があります。まずフィードバックの記号を授業で学生に提示し、それぞれの記号が何を意味するのか定着させます。添削を行う際、教師は設定した記号を書き、学習者に間違いを認識させ、ライティングのやり直しをさせているようです。こうしたちょっとした工夫でも、1つ1つ全ての誤りを修正するよりも、はるかに時間の節約は可能です。

　間接的フィードバックは、特に流暢性を目的としたライティング指導

の際に有効かもしれません。直接指導と形式指導を同時に取り入れることも可能かもしれませんが、今まで通りの訂正指導のクセで、つい正確性に偏った指導になりかねないことが懸念されています。せっかく流暢性に特化し、自由に英文を書かせることを目的としたライティングにもかかわらず、教員からの文法訂正が目立つと、生徒の書く意欲を衰退させてしまうことになってしまいます（杉浦, 2012）。間接的指導は、訂正指導の時間を軽減することができることもそうですが、間接的フィードバック後のパフォーマンスに効果があったこともライティング研究で示されています（Chandler, 2003；加藤, 2017）。

まとめ

　教員にとって、ライティング指導の中で一番大きな負担になるのは、添削時間の確保でしょう。時間がかかることの懸念はありますが、それでも何もフィードバックをしないよりも、何らかの支援を行うことで効果があることは間違いありません（Ferris & Robert, 2001）。本章で取り上げた直接的と間接的なフィードバックについては、どちらが最も効果的があるのかはわかりません。学校環境や生徒間の語学レベルも影響してくるため、どのようなフィードバック方法が最も良いかという提案は難しいです。

　少しの訂正を行い、修正を促すことを教員側から示すことで、「英文をきちんと見ています」というサインを生徒に示すことになります。もし、教科書の単元で学習した表現を身につけさせたいことで良いならば、誤りがあればしっかりと修正してあげるべきです。また、やや多めの文章、例えば日記のように、まずはライティングの機会を提供したいのであれば、生徒に質問をする（What do you mean this sentence?）、具体性を促す（Give me an example）フィードバックを与え、生徒との意思

疎通（negotiation of meaning）をすることは重要であると考えます。

　最後に文字を書かないフィードバックとして、口頭のフィードバック（oral feedback）が存在します。これは、レポートなど作品をについて内容の確認や構成について、口頭で指摘する指導として用いられています。これを少し応用する方法として、特に間違いが多かった誤りを教室で指摘します。そして正しい文を板書し、その場で生徒に書かせ、文を言い直し（リキャスト）させます。口頭のフィードバックは、生徒と教師間のインタラクションになり、リキャストはライティングの誤り指導にも活用することができます。

　フィードバック指導については様々な意見があります。確かに英文の添削やコメントをするだけでも相当な労力が必要であることは否定できません。しかし、生徒のライティング力を伸ばす方法として、教師のフィードバックは必要不可欠であります。クラスの実態に合わせ、工夫を凝らしたフィードバックを行うなど、生徒のライティングには必ず目を通してほしいものです。

Question：あなたは以下の英作文をどのように添削しますか。（流暢性・形式面どちらかを重視して考えてみてください）。またどのようなアドバイスを送りますか？

I want to live in the city. I have two reason.

First, I can go to shopping. I like shopping.

Second, the city have a lot of famas place.

I want to go many places and enjoy.

添削する箇所：

アドバイス：

第4章

ICTとライティング

　日常生活において、スマートフォン(スマホ)やタブレット、パソコン(PC)などの電子端末は、今では学習の必需品となっています。これまでの英語授業ではCDプレーヤー、OHP、電子辞書などの機器が主に使用されていました。近年は、電子黒板やタブレット端末が教育現場に導入され、生徒の学習効率を高める大きな役割を果たしていることも事実です。例えば、教師は板書を最小限にとどめ、代わりに重点をPowerPointスライドで示しています。タブレット端末を使う授業では、筆記用具の代わりにタッチペンを使い、生徒はその場でアイデアを書いて、クラスメートと共有し、議論する活動を行っています。また共同で話し合った内容をボタン一つで教室のスクリーンに映し出し、生徒に自主的に意見を発表させることもできます。さらに生徒が書いたアイデアを回収したい場合、教師はデータを生徒に送信させて回収することも可能です。その他、英語のニュースを聞かせる、動画コンテンツを見せるなど生徒は「生の英語」に簡単に触れることができます。

　このように、タブレットやPCなどの電子機器をはじめとするICT(information and communication technology)機器の普及は、教育面にも広がり、英語の授業は大きく改善されています。生徒に英語という外国語をインプットさせ、「英語を使う」という学習スタイルへ変化しています。これから教員を目指す人は、最低限のICT機器の操作を理解し、現場で使える能力が求められます。

　文科省(2020a)は令和元年に「GIGA(Global and Innovation Gateway for All)実現推進本部」を設置し、児童生徒一人が一台の端末を持ち、

学校にネットワーク環境の整備をする構想を立ち上げました。GIGA構想は、学校や家庭でICTを使って、いつでも学習ができるよう、早期実現に向け環境整備に着手しています。日本は先進国でありながら、学校でICTを使った授業や学習がほとんど進んでいませんでした。2020年、新型コロナウイルスの影響で、登校が困難になった際、教育がややストップした状態に陥りました。しかし外国の学校を見ると、こうした危機的な状況下においても、ICTを活用して、ビデオ授業を提供するなど、学びを止めない教育現場の活躍が見られました。日本では、これまでほとんど使用されなかったビデオチャット（Google Meet、Microsoft Teams、Zoom等）を使って、双方向授業を展開し、早急に授業対応を行った学校もあれば、プリント教材を各家庭に配布して、何とか学習を継続させる対応が見られました。

　総務省（2020）が発表した令和元年の「通信利用動向調査の結果」によれば、中高生世代の約86％がスマホを所持しています。幼い頃からスマホやタブレットを使用して育った「スマホネイティブ」とも言われる今の生徒たちにとって、ICT機器は「当たり前の道具」です。そのため、授業で電子端末を使う時も、多くの生徒がほとんど抵抗感もなく利用できています。GIGA構想が実現した後、英語授業では、さらにICTを導入した指導や活動が期待され、ICTの需要度が高くなる可能性があります。

　本章では、英語ライティング指導に絞り、ICTを使い、どのようなライティング活動や文法指導が可能かを紹介していきます。

　電子機器使用した取り組みによって、英語学習の幅は随分と広がっています。英語指導においても、面白い試みが実践できるようになりました。インターネットにつないで世界の情報収集をする、アプリを使ったリスニング学習をする、動画を見ながら苦手な発音練習をする、紙媒体から

電子化(ファイル)で課題提出をするなど、語学活動の選択肢が増えたことは言うまでもありません。もちろん、ICT教育について、懸念事項もあります。ネット環境などインフラの不備、不慣れな電子端末使用による指導の不安、生徒の健康上の問題、セキュリティの問題といった声が実際に聞かれています。

　ライティング指導について考えると、確かに生徒は文字を書く機会は減ってしまいます。文字を実際に手で書くこととPCなどを使って文字をタイピングすることは異なります。従来通りに文字を書かせる活動と、電子端末などを使った書く活動をうまく融合させながら、英語ライティング指導を考えなくてはなりません。

実践e-mail writing

　PCやタブレットを使った英作文練習・活動の一つであるe-mail writingはとてもポピュラーな取り組みです。電子端末がなくても、ワークシートにe-mailのイラストを加えて、e-mailライティングを意識した活動はよく実践されています。しかし、実際にメールブラウザーやアプリを立ち上げ、図1のように「メールを送信」をするとなると、「場面」がより明確で、生徒たちはより英語で文章を書くことになり、態度も変わってくるかもしれません。

　では実際にどのようなe-mailライティング活動が実践できるでしょうか。設定として、JTEやALTに自己紹介を英語で書き、メールを送るとしましょう。ここでは生徒に自由に英文を書いてもらうだけでも良いし、最低英文数や単語数を設定することも良いでしょう。生徒は先生に英語でメールを書くという状況ですので、どのような文章を書くかを考えていきます。書き手(生徒)は趣味、家族、ペットについてなど、試行錯誤を重ねて英文を完成させるでしょう。こうした当たり前の作業でも

ライティングのプロセスを意識した取り組みになります。受け取る側（教員）は受け取ったメールをきちんと読み、簡単に返事をすべきです。

　e-mailライティングはもちろんインターネット環境が整い、生徒がメールアドレスを所持していることが活動の条件になります。もし、条件が整っていない場合は、前述したように教員はe-mail形式のシートを作成し、活動を行うことが可能でしょう。教員は適切な語彙や表現を教えるなど、「ガイド役」に徹して、生徒の英作文のサポートをしてみましょう。

Activity 1（e-mail writing）

＊自己紹介をe-mailで送ってみよう。
＊　英文はできる限りたくさん書いて、私に皆さん自身のこと（趣味や家族、友達）を教えてください。

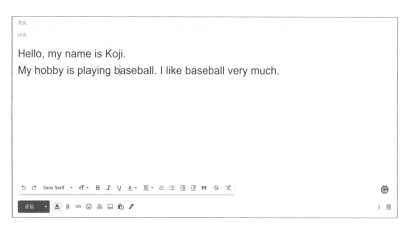

図1：Gmailを用いたe-mail writingの例

ロイロノートを使って英文をシェア

　タブレットを使った英語指導・学習は多くの学校で既に実践されています。タブレット学習の魅力はやはり「アプリ」の豊富さと言えます。多くのアプリは確かに有料になりますが、無料版のアプリもあるので、授業で全く問題なくできるはずです。予算に応じて、有料版にアップグレードできればサービス内容も充実し、授業実践もより活発になるかもしれません。

　タブレットを使った学習で、人気が高いのは「ロイロノート[1]」でしょう。ロイロノートの魅力は、生徒の作品や解答などを瞬時にクラス内で共有できる点で、様々な授業で導入されています（許他, 2019）。

　では、ロイロノートを使って、英語ライティング指導の実践例を考えてみましょう。簡単な活動として、その単元で学習した表現を用いて、生徒に英文を書かせる課題を行うとします。生徒たちが書いた答え（文）を、ペアやグループを作り、ロイロノートで共有させます。ここで大事なことは、ただ正解や不正解を確認するのではなく、学習した表現ができているか、もし間違いがあれば、生徒を責めるのではなく、どこが間違っているのかを考えさせるよう指導することです。画面を見ながら生徒みんなで考えさせることは、ペアやグループでお互いの答えを共有し、間違いがあればその場で指摘しあうことができるといった生徒同士が学び・教えあえる効果があります。

　またせっかく生徒が書いた英文をシェアするだけでなく、それを発表させることも簡単です。発表する文を画面に映し出し、生徒が書いた文やグループで考えた英文（作品）を発表させることもできます。その他、ロイロノートには声を録音できる機能がついています。実際に教

1　ロイロノートホームページhttps://n.loilo.tv/ja/　小学校から高校までの各教科における授業案や事例が公開されています。

員（ALTでも良いでしょう）が事前に英文を録音しておき（モデル録音）、宿題として生徒に音読練習をさせることもできます。もし家庭のインターネット環境が整っていれば、家庭から課題を送信させて提出させることも可能です。さらにロイロノートの利点は文字だけでなく、画像や動画も取り込むことができる点です。ロイロノートを使って英語で自己紹介を行う際、こうしたビジュアル面をアピールすることで、より楽しい自己紹介活動を行うことができます。そして、英語で自己紹介しているところをクラスメートに録画してもらい、スピーキングの改善点を発見するなど、発表練習にも役立つでしょう。

　このようにアプリを使った学習のメリットは「簡単に情報を共有できる」「生徒同士で議論を行い、協働学習をより促進させることができる」点です。これまでの授業で、課された問題を生徒同士で話しあい、一緒に考える取り組みは行われてきました。ここでアプリを導入することで、グループの意見をその場でタブレット内に書き込み、それを共有することで、実際に他の人が何をどのように考えたのかを理解することができます。

Google Formsを使って、文法・単語テストを作成しよう

　インターネットの普及により、授業を支援するウェブサイトも多種多様に存在し、いわゆる「e-learning」が活発になっています。その中でも、ウェブ上で簡単な練習・復習問題を作成して、解答させることが可能になっています。教員は、採点をする時間を省くことができますし、生徒も問題を解いてすぐに解答結果や問題の解説を閲覧することができます。ここ最近、Googleが提供している「Google forms」が教育現場で利用されはじめ、これを使って（小）テストを実施している事例が多く見られます。

　Google formsを使って作成する問題は、基本的には選択問題形式が主

流となっていますが、簡単な文法チェックや単語問題であればすぐに問題作成できます[2]。選択問題のテストであれば、前述した通り、生徒はテスト結果と解説をその場で確認できるところが大きなメリットです。教員はテスト結果をデータファイルとしてダウンロードできるため、成績管理も簡単です。得点結果だけでなく、問題の正解率もわかりますので、教師はどの問題が定着できていないかを把握できることもでき、指導の助けになります。また選択問題だけでなく、単語や英作文を書かせる（入力させる）ことも可能です。この場合、教員が解答をチェックして得点をつけるまで、生徒の結果は一時的なスコアになります。Google formsはアンケート機能だけでなく、ちょっとしたテスト問題作成に応用することができます。しかしオンライン上でのテストは、不正行為を見抜くことが難しいため、できれば教室内で実施し、受験状況を監視できると良いでしょう。

　また同じGoogleが提供している「Google Classroom」も英語授業に活用できます。Google Classroomでは、授業で配布する資料や課題などをデータで配布するため、ペーパーレス化を実現できます。教員がライティングの質問（テーマ）を出し、Google documentに英語で書かせる活動ができます。Google Classroomは教室内外で利用可能ですので、ライティング学習として十分活用できます。

　Google formsやClassroomはおそらく多くの先生が既に利用されているでしょう。今ではYouTubeでe-learningの授業実践の動画配信がされており、多くの人が授業アイデアを共有しています。もちろんGoogle formsの作成方法のチュートリアル的な動画やClassroomの活用方法も閲覧可

2　簡単な作成ガイドはhttps://support.google.com/docs/answer/7032287?hl=jaで確認できます。その他、Google formsで作成した小テスト事例も多々インターネットで公開されています。

能です。もしまだ試したことがない場合は、少しでもデジタル化に向けて対応でできそうな課題や簡単なテストができれば、まずは試してみることをおすすめします。

自動英文添削

　情報技術は年々発達しているおかげで、外国語教育ツールも多数開発されています。その一つに、自動英文校正ツール・英文チェッカー（Automated Writing Evaluation）と呼ばれるサービスが拡大し始めています。基本的に、これらのサービスは有料ですが、無料版でも十分に対応でき、ライティング添削指導に役立つでしょう。もちろん英文の誤りを完璧に発見できることは難しいですが、英文チェッカーの発達により、90％の誤りを指摘したという実証例も出ています（Harvey-Scholes, 2018；萱, 2020）。英文チェッカーは、スマホアプリで利用可能なものもあれば、Google Chromeなどのインターネットブラウザへプラグイン接続、Office Wordと連携が可能であるため、非常に便利です。ここで、英語ライティング指導で主に英文チェックの手助けとなるサイト2つを紹介します。

　1つめは「Grammarly[3]」です。このツールは知名度も高く、機能がかなり改善されました。Grammarlyは有料版と無償版2つがあり、有料版だと剽窃チェックなど高度な機能がついてきますが、簡単な英文や誤りのチェックであれば、無償版でも十分に活用できます。使い方は、まず図2のように、Grammarlyログイン後のトップ画面上にファイルをドラッグ＆ドロップするだけで、自動的に英文が読み込まれます。

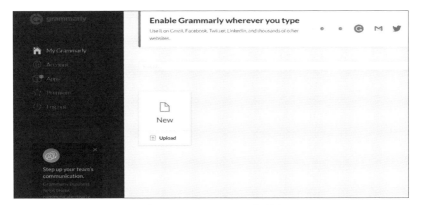

図2：Grammarlyトップ画面

　その後、英文チェックが始まり、図3のように英文に誤りがあれば、その下に赤線が引かれます。右側の「All suggestions」より、訂正を確認し、訂正された表現をクリックすると、自動的に間違いが修正されます。例えば「I am junior high school student.」の文は、不定冠詞aが抜けています。そこで、右側のsuggestionsに表示されている「a junior」をクリックすれば、左側の文章が自動修正されます。

図３：Grammarlyによる添削結果画面

　Grammarlyを使用する際、新規登録が必要ですが、メールアカウントまたはApple/Facebook/Googleのアカウントから簡単に登録可能です。Grammarlyの使い方を授業内でデモンストレーションすると、生徒もその機能や使い方を理解できるでしょう。もちろん、ちょっとした英文テストや課題確認として、教員のみがGrammarlyを使用して、英文チェック（正確度）を確認することも可能であります。

　もう１つは「Ginger」という英文チェックツールです。Gingerはウェブサイト上で文章の入力、または作成した英文をコピー＆ペーストをすることで、瞬時に誤りの確認をすることができて便利です。GingerはiOS/Android両方に対応したアプリがあるので、生徒も簡単に使えます。

　PCを使って、Gingerを利用する場合、画面の「Enter you're text hear…」の箇所に、先ほど紹介したGrammarlyのように英文をそのまま入力し、右側の「Ginger it！」のボタンを押すと、英文チェックが始まります（図４参照）。

図4：Gingerトップ画面に英文を入力

　英文の確認が終わると、図5のような結果が表示されます。入力した英文に誤りが見つかると、間違った箇所がオレンジ色で示されます。その下の画面には、修正された英文が緑色で表示されているのがわかります。生徒は自分が書いた英文のどこが（どう）間違えたのかを確認できるので、Gingerは非常に便利です。教師も英文訂正箇所を確認しながら英文添削できますので、生徒がどれだけ正確に英文を書けているか把握することができます。間違えた箇所が瞬時にわかる点を考えると、ライティングの学習効果に期待できます。

図5：Gingerによる添削結果画面

　また　Gingerの面白い機能は、訂正画面の下に表れる「Sentence Paraphraser＝文の言い換え」です。これは書いた英文の言い換えを自動的に表示してくれるので、生徒は様々な表現を学ぶことができます。ただし、提案された言い換え表現が文脈に適切かどうかをしっかりと確認しなければなりません。もし同じ表現ばかりで単調な文になりやすいと生徒が感じるようであれば、参考程度に紹介することも良いかもしれません。

まとめ

　本章ではICT教育の背景から、英語教育に、ICTをどう応用できるかを考えてみました。特にライティング指導に着目し、書く指導や学習で活用できそうなツールを紹介しました。ICTを活用した教育は、今後ますます普及が加速するでしょう。しかし、ライティングを含め、語学の指導全てをテクノロジーに任せてはいけません。先生によっては、教科

書に加えて、従来通り紙媒体の資料や辞書を活用させて授業を行っているでしょう。その学習環境が整い、学習効果も高いのであれば、無理にICT教育へ変える必要はありません。あくまで本章で紹介したウェブサイト上でのツールは、少しでも教師の労働時間の軽減や指導改善のヒントになればと紹介しました。

　ICT教育は小中高でかなり導入が進んでいるようですが、これから各教科において、ICT教育を導入した実践例や効果がもっと発表されるでしょう。英語教育に目を向けると、大学におけるICT教育に関する研究や実践例は多々公開されていますが、中高での事例はまだ少ないのが現状です。中高の英語教育におけるICT活用の効果や語学習得・発達の関連性についての研究、ICT授業の授業実践例が、今後さらに紹介されるでしょう。そして指導で役立つおすすめウェブサイトや学習ツール、アプリの紹介など、テクノロジーを生かした教育事例が教員間で共有され、ICTが少しでも英語指導の助けになればと願います。

これからの英語教育・ライティング指導

国際共通語としての英語を考える

　新学習指導要領が告示され、英語教育はまた一つ大きな変革を迎えています。「コミュニカティブな英語」指導のもと、ただ英語を覚えるという漠然とした目的ではなく、生徒たちが状況に応じて英語を使える指導を目指す必要があります。また4章でも取り上げましたが、ICTを用いた英語指導も今後急速に拡大すると予測されます。

　英語という言語は世界中で使用されていることは周知の事実です。英語は現在、「国際言語」や「共通言語」と言われています。世界諸英語の観点から見ると、独特な発音・語彙使用・文法などの言語的特徴を持った英語が存在し、多様化しています。各国で使用されている英語は独特であっても、自分の英語を堂々と使っています。こうした世界で使われている英語が「1つの英語」として確立され、認知されています。日本では、どちらかと言えば、「英語＝アメリカ・イギリス英語」の考えがまだ強いように思います。もちろんネイティブ英語を否定しているわけではなく、ネイティブ英語も1つの英語です。しかし日本語英語も1つの英語として見なされるべきです。日本語英語は「間違った英語」という偏見に捕らわれがちです。特に発音に対しては抵抗感があり、ネイティブのような発音でなければ「訛った英語」と揶揄されます。そのため、本来であれば、生徒たちは授業で積極的に英語を使ってほしいのですが、「きれいな発音で話すべき」と考えすぎてしまいます。だから余計にネイティブ英語を意識しすぎてしまい、自分の英語に自信がなくなり、人前で英語を話し(使い)たがらない生徒が多いのではないでしょうか。

　これからの日本の英語教育において、英語は「国際共通語」の立場のもと、教員自身がまず世界諸英語を理解し、英語教育を考えていく必要があります(柴田他, 2020参照)。最近出版されている英語科指導法向けの文献は、初めの章に「国際語としての英語」といった章を設けています。英語は世界の言語、世界の共通語としての立場をとり、現役教員そして教員志望者に英語という言語を再定義させています(岩本他, 2017)。生徒たちに英語が実際に世界でどのように使われているか、様々な世界英語を紹介していくべきでしょう。そうすることで、生徒たちに英語はネイティブ英語だけではないことを認識させ、Englishesの概念を持たせる必要があると考えます（Fujieda, 2021）。英語で対話する相手は英語ネイティブ話者だけではなく、日本人を含めた世界の人々であることを意識させることができます。

コミュニケーションを意識したライティング

　「話す・聞く・読む・書く」という4技能を育成する英語指導の中、ライティング能力もコミュニケーション能力の一つであることを再度強調しておきます。

　本書でも何度も記述しましたが、ライティングは決して文法練習だけではなく、自分の意思や伝達を行う大事なコミュニケーションスキルです。コミュニカティブな英語が主流な時こそ、アウトプットスキルであるスピーキングに加えて、ライティング活動も充実させなければなりません。ライティング練習は確かに時間がかかりますし、生徒が書いた英文を添削しなければなりません。しかし、少しでもライティングを行うことで、生徒は英語の復習にもなりますし、思考をまとめて発信する力になります。

　これまでのライティングは、教科書の単元で学習した文法をきちんと

理解できているかを確認する短文指導が中心でした。もちろん文法確認のライティングは、英語表現を学ぶためにも指導すべきであります。英文法のためのライティング活動を応用し、特定の場面や状況を考えたライティングを考え、実践されなければなりません。こうしたライティングを行うことで、生徒たちが書いた文を読みながら（発表しながら）クラスメートと共有できます。ペア活動であれば、相手の英語を聞いて書きとることもできます。書いた英文を見せる相手は教員だけではありません。クラスメート（他者）を意識させることで、生徒たちにより具体的な内容を書かせる指導ができると思います。それによって使いたい単語を調べるなど、学びの幅が広まるでしょう。

　発展的なライティングの活動として、生徒自身で考えたレイアウトで作成した自己紹介シートや、修学旅行などの課外活動の英語記事・新聞を作成させるといった「ライティングプロジェクト」が公開されています。生徒オリジナルの作品を見ると、かなり詳しく、かつ丁寧に英語を書いていることがわかります。確かにこうしたタスクを実行することは教師そして生徒にとって、大変な活動ですが、試行錯誤を繰り返し、たくさんの時間をかけて作品を完成させることで、生徒たちは達成感と英語で書くことの楽しさ、そして自信を得ることでしょう。

　昨今はSNSが進化し、絵文字を含め文字を活用することが多い気がします。書く道具がペンからキーボードやタッチペンに代わっても、書く行為・ライティング活動は変わりありません。こうした情報化時代だからこそ、ライティングの重要性が高まっていますし、ライティング練習や活動が英語でも日本語でも大切であると感じます。

むすびに

　むすびにあたり、日頃の授業準備、授業改善そして授業研究を重ねていらっしゃいます英語の先生方には本当に敬服します。多くの生徒が、英語という外国語を使って国際化社会の舞台で活躍できることを願い、指導方法を熟考されているかと思います。本書を通じて、現役でご活躍されている先生方、そしてこれから英語教員を目指す方々が、英語教育・英語ライティングの指導について再考し、これからのライティング指導のヒントになれば幸いです。

　私は英語教職科目を担当し、学生たちと英語指導法について考え、議論しています。英語教育はこれからも目まぐるしく変化する時代に適した指導が要求されるでしょう。私は今後も英語教育の現状そして問題を鑑み、今後の英語教育についての研究に努めてまいります。そして研究分野である英語ライティングについても、指導・実践法を提供できるよう貢献できればと存じます。

　最後に、本書を出版する機会をくださいました共愛学園前橋国際大学の教職員の皆様、また出版に至るまでご尽力くださいました上毛新聞社出版部の皆さんに厚く御礼申し上げます。

参考文献(和書)

岩本夏美・今井由美子・大塚朝美・杉森直樹(2017)『国際語としての英語:進化する英語科教育法』松柏社

上山晋平(2020)『中学・高校英語ライティング指導』学陽書房

大井恭子・田畑光義・松井孝志(2008)『パラグラフ・ライティング指導入門 中高での効果的なライティング指導のために』大修館書店

岡田圭子・ブレンダハヤシ・嶋林昭治・江原美明(2015)『基礎から学ぶ英語科指導法』松柏社

大関浩美(編著)(2015)『フィードバック研究への招待:第二言語習得とフィードバック』くろしお出版

加藤充(2017)「英語ライティングへの訂正フィードバックの効果―異なる焦点化の比較を通して」『言語教師教育』4, 119-132.

国際ビジネスコミュニケーション協会(2020)『2019年TOEIC Listening & Reading Test』https://www.iibc-global.org/iibc/press/2020/p150.html (2021年2月20日閲覧)

萱忠義(2020)「大学生を対象とした英語学習を支援するICT活用」『異文化コミュニケーション論集』18, 91-104.

近藤暁子(2020)「小学校における英語の読み書き指導についての一考察」『兵庫教育大学研究紀要』56, 133-142.

佐藤一嘉(編著)(2019a)『フォーカス・オン・フォームを取り入れた英文法指導ワーク&パフォーマンス・テスト 中学1年』明治図書出版

佐藤一嘉(編著)(2019b)『フォーカス・オン・フォームを取り入れた英文法指導ワーク&パフォーマンス・テスト 中学2年』明治図書出版

佐藤一嘉(編著)(2019c)『フォーカス・オン・フォームを取り入れた英文法指導ワーク&パフォーマンス・テスト 中学3年』明治図書出版

柴田美紀・仲潔・嶋林昭治・藤原康弘(2020)『英語教育のための国際英語論－英語の多様性と国際共通語の視点から』大修館書店

許挺傑・千賀喜史・山口祥平(2019)「タブレット(iPad)と授業支援システムロイロノート・スクールを用いた授業の実践報告:語学系の授業と実習系の授業を中心に」『大分県立芸術文化短期大学研究紀要』57, 209-231.

白畑智彦(2015)『英語指導における効果的な誤り訂正：第二言語習得研究の見地から』大修館出版

杉浦正好(2012)「ライティング」青木昭六（編著）『英語科教育のフロンティア－充実した実践を目指して－』保育出版社, pp167-172.

鈴木渉(2015)「ライティング・フィードバックの効果を最大限高めるには」『英語教育』64, 30-31.

総務省(2020)『通信利用動向調査の結果』https://www.soumu.go.jp/main_content/000689455.pdf(2021年2月25日閲覧)

田中真理(2015)「ライティング研究とフィードバック」大関浩美（編著）『フィードバック研究への招待』（pp. 107-138）くろしお出版

鳥飼玖美子(2016)『本物の英語力』講談社現代新書

ベネッセ教育総合研究所(2015)『ダイジェスト版中高の英語指導に関する実態調査2015』https://berd.benesse.jp/up_images/research/Eigo_Shido_all.pdf(2021年1月18日閲覧)

文部科学省(2017)『平成28年度英語教育改革のための英語力調査結果(中3生の速報)』https://www.mext.go.jp/a_menu/kokusai/gaikokugo/_icsFiles/afieldfile/2017/03/02/1382798_1_(2021年1月18日閲覧)

文部科学省(2018a)『小学校学習指導要領（平成29年告示）解説　外国語編』文部科学省

文部科学省(2018b)『中学校学習指導要領（平成29年告示）解説　外国語編』文部科学省

文部科学省(2019)『高等学校学習指導要領（平成30年告示）解説　外国語編』文部科学省

文部科学省(2020a)『GIGAスクール構想の実現へ』https://www.mext.go.jp/content/20200625-mxt_syoto01-000003278_1.pdf(2021年2月20日閲覧)

文部科学省(2020b)『令和元年度英語教育実施状況調査』https://www.mext.go.jp/content/20200715-mxt_kyoiku01-000008761_2.pdf(2021年1月24日閲覧)

柳田綾(2020)「大学受験指導をコミュニカティブに－プロセスアプローチを活かしたライティング授業実践－」『桜花学園大学学芸学部紀要』13, 45-78.

参考文献（洋書）

Bitchener, J., & Ferris, D. R. (2012). *Written corrective feedback in second language acquisition and writing.* Routledge.

Bitchener, J., & Knoch, U. (2010). Raising the linguistic accuracy level of advanced L2 writers with written corrective feedback. *Journal of Second Language Writing, 19*(4), 207-217. https://doi.org/10.1016/j.jslw.2010.10.002

Chandler, J. (2003). The efficacy of various kinds of error feedback for improvement in the accuracy and fluency of L2 student writing. *Journal of Second Language Writing, 12*(3), 267-296. https://doi.org/10.1016/S1060-3743(03)00038-9

Doughty, C., & Williams, J. (1998). *Focus on form in classroom second language acquisition.* Cambridge University Press.

Ellis, R. (2006). Current issues in the teaching of grammar: An SLA perspective. *TESOL Quarterly, 40*(1), 83-107. https://doi.org/10.2307/40264512

Ferris, D. (2003). *Response to student writing: Implication for second language students.* Lawrence Erlbaum.

Ferris, D. R., & Roberts, B. (2001). Error feedback in L2 writing classes. How explicit does it need to be? *Journal of Second Language Writing, 10*(3), 161–184. https://doi.org/10.1016/S1060-3743(01)00039-X

Fujieda, Y. (2021). Promoting transnational teaching in pre-service language teacher education programs in Japan: An autoethnographic approach. In A. Ahmed & O Barnawi (Eds.), *Mobility of knowledge, practice and pedagogy in TESOL teacher education: Implications for transnational contexts* (pp. 239-259). Palgrave Macmillan.

Harvey-Scholes, C. (2017). Computer-assisted detection of 90% of EFL student errors. *Computer Assisted Language Learning, 31*(1-2), 144-156. https://doi.org/10.1080/09588221.2017.1392322

Krashen, S. D., & Terrell, T. D. (1996). *The natural approach: Language acquisition in the classroom.* Pearson.

Long, M. (1991). Focus on Form: A Design Feature in Language Teaching Methodology. In K. De Bot, R. Ginsberg, & C. Kramsch (Eds.), *Foreign language research in cross-cultural perspectives* (pp. 39-52). John Benjamins.

Long, M. (2015). *Second language acquisition and task-based language teaching.* Wiley-Blackwell.

Shintani, N., Ellis, R., & Suzuki, W. (2014). Effects of written feedback and revision on learners? Accuracy in using two English grammatical structures. *Language Learning, 64*(1), 103-131. https://doi.org/10.1111/lang.12029

Truscott, J. (1996). The case against grammar correction in L2 writing classes. *Language Learning, 46*(2), 327-369. https://doi.org/10.111/j.1467-1770.1996.tb01238.x

【著者紹介】
藤枝　豊(ふじえだ・ゆたか)

　共愛学園前橋国際大学教授。専門分野は第二言語ライティング、第
二言語教育。米国ペンシルベニア州立インディアナ大学大学院(Indiana
University of Pennsylvania)英語教授法(MATESOL)修士課程修了、同
大学大学院Composition & TESOL博士課程修了。塾・予備校講師、高校
教師を経て、2005年に共愛学園前橋国際大学に着任。主な研究業績とし
て、Promoting transnational teaching in pre-service language teacher
education programs in Japan: An autoethnographic approach(*Mobility
of knowledge, practice and pedagogy in TESOL teacher education:
Implications for transnational contexts*, Palgrave Macmillan, 2021)、
Academic discourse socialization in a research seminar course: A case
study of a Japanese EFL undergraduate learner(*The Asian-Pacific
Education Researcher*, 2019)など。

ライティング指導を考える
コミュニカティブなライティングを目指して

令和 3 年12月28日　初 版 発 行

著　者　藤枝　豊

共愛学園前橋国際大学
〒379-2192　群馬県前橋市小屋原町1154 − 4
TEL　027-266-7575(代表)

発　行　上毛新聞社デジタルビジネス局出版部
〒371-8666　前橋市古市町1 − 50 − 21
TEL　027-254-9966